AU TEMPS DES...

Grandes Découvertes

avec *Bernal et le Nouveau Monde*

Un récit inédit de Claudette Lecuyer

et Christian Lamblin

Sommaire

ISBN : 978-2-09-121684-3

Bernal et le Nouveau Monde

Nous sommes au mois de novembre 1518, sur l'île de Cuba. Depuis sa découverte par Christophe Colomb en 1492, cette île est une ***colonie*** *espagnole. Elle est gouvernée par Diego Vélasquez, qui représente Charles Quint, alors roi d'Espagne.*

Vélasquez souhaite agrandir les possessions du royaume. Il réunit une flotte de onze vaisseaux dans le port de La Havane et en confie le commandement à Hernán Cortés. Cortés a pour mission d'explorer le Mexique, terre peuplée d'Indiens et riche en or…

Bernal

Jeune orphelin d'une dizaine d'années.
Il embarque à bord du navire de Cortés
pour aller à la découverte du Nouveau Monde…

Julio

Compagnon d'aventures
de Bernal.

Petite Malinche

Jeune Indienne qui fait
découvrir à Bernal
la civilisation indienne.

Cortés

Conquistador espagnol qui part
à la conquête du Mexique en 1518.

1

Bernal est un jeune orphelin espagnol d'une dizaine d'années. Il vit de mendicité dans les rues de La Havane, capitale de Cuba…

Bernal quitta les rues bruyantes de la vieille ville de La Havane et se dirigea vers le port. Il espérait y trouver un endroit calme pour dormir. La faim lui tenaillait le ventre, mais il préféra garder pour le lendemain les quelques pièces gagnées dans la journée. Il s'installa sur un tas de cordages déposés devant des baraquements de pêcheurs. Ce lit improvisé était inconfortable et dégageait une forte odeur de poisson, mais le jeune garçon s'y sentit plus en sécurité que dans les rues malfamées de la grande ville.

Son regard fut attiré par les feux des bateaux mouillés dans les eaux du port. À chaque feu correspondait un des navires de la flotte de Cortés. Bernal distingua les hommes de garde qui montaient et descendaient au gré des vagues, comme des fantômes exécutant une danse étrange dans la lumière tamisée des lampes.

Soudain, de puissants hennissements se firent entendre. Une quinzaine de chevaux conduits par des cavaliers en armes arrivaient sur le quai. Bernal songea un instant à plonger dans l'eau afin de rejoindre un de ces navires. Il s'y cacherait et attendrait le départ de la flotte pour les terres indiennes de l'Ouest…

Le garçon ferma les yeux et laissa ses rêves l'emporter loin de la vie misérable qu'il menait jusqu'ici.

Il s'imagina débarquant sur des côtes inconnues peuplées d'**indigènes** hostiles. Il se vit découvrant l'or et l'argent que l'on disait abondants dans les terres indiennes. Il se vit même capitaine, revenant au port sur un navire chargé de richesses.

Un fracas le tira brusquement de son sommeil. Il ouvrit les yeux et s'aperçut que le soleil venait de se lever. Près de lui passait un groupe d'hommes armés. Ils tiraient des coups de canons.

- Hé ! Qu'est-ce que tu fais là ? cria soudain une voix.

Bernal se retourna et reconnut Julio, un garçon avec qui il mendiait parfois dans les rues de La Havane.

- Je regarde les soldats, répondit Bernal. Est-ce que ce sont ceux de Cortés ?

- Évidemment ! répondit Julio. Ils partent bientôt à la conquête du Mexique. Dans quelques mois, ils seront riches ! Tu n'aimerais pas partir avec eux ?

- Bien sûr que si ! répondit Bernal. Mais aucun capitaine ne voudra de moi à bord. Je ne suis pas soldat, et puis je suis trop jeune.

- Ce n'est pas un problème, expliqua Julio. Les soldats veulent se battre, mais ils ne veulent pas faire la cuisine ni laver les assiettes. Nous, on pourrait faire ça pour eux ! Viens avec moi, je connais un capitaine. On va discuter avec lui.

Ils traversèrent une foule d'Indiens qui s'apprêtaient à embarquer et s'engagèrent sur une passerelle. Un homme barbu et balafré leur barra soudain le passage.

- Pas de gosses à bord, rugit-il.

Bernal voulut aussitôt s'enfuir, mais Julio le retint par le bras.

- Capitaine, je vous présente mon ami Bernal, s'exclama Julio. C'est un garçon courageux. Il est prêt à travailler dur pour vous aider à conquérir le Nouveau Monde.

- Pas de gosses à bord, répéta le capitaine.

Un homme barbu et balafré leur barra soudain le passage.

- Nous sommes orphelins et nous n'avons peur de rien, affirma Julio. Nous savons tout faire ! Et nous sommes habitués à travailler dur, vous savez. Servir le grand Hernán Cortés serait un honneur pour nous. S'il vous plaît, laissez-nous partir avec vous !

- Ton ami a des arguments sérieux, grommela l'homme en se tournant vers Bernal. C'est bon, vous pouvez rester à bord. Pour commencer, vous allez aider au chargement du navire.

Bernal et Julio passèrent une bonne partie de la journée à remplir les cales de caisses de fruits et de tonneaux remplis d'eau potable, de céréales ou de viande salée.

- Est-ce qu'on a vraiment besoin de toutes ces provisions ? s'étonna Bernal. On croirait qu'il n'y a rien à manger au Mexique !

- C'est juste pour le voyage, répondit Julio. La flotte embarque quand même plus de 500 soldats, 200 Indiens et 100 marins, plus nous deux ! Ça fait beaucoup de bouches à nourrir !

- Est-ce qu'on va être payé ? demanda Bernal.

- On sera payé quand on arrivera au Mexique, répondit Julio. Là-bas, il y a de l'or partout et il n'y a qu'à se servir !

2

La flotte prend le cap du Mexique. Mais la route est longue…

La flotte appareilla en fin d'après-midi. Les deux garçons restèrent quelques minutes assis à la **poupe** du navire, regardant l'île de Cuba disparaître lentement à l'horizon.

- Nous voilà embarqués dans une drôle d'aventure, murmura Bernal. Je me demande si l'on a eu raison de partir…

- Comment ! s'exclama Julio. Tu regrettes déjà ta vie de mendiant dans les rues de La Havane ? Mais ouvre les yeux, mon pauvre Bernal ! Tu pars à la conquête du Mexique en compagnie du grand Cortés ! Tu vas bientôt être riche et tu pourras t'offrir tout ce que tu veux ! Tu pourras même…

- Vous pourriez même aller aux cuisines ! rugit soudain la voix du capitaine. On a besoin de vous pour préparer le repas !

Des jours et des semaines passèrent. Il n'y avait plus un souffle de vent et la flotte n'avançait pas sur cette mer plate comme un miroir. Tout le monde s'ennuyait à bord, sauf Bernal qui n'avait pas une minute à lui. Il courait sans cesse de la **proue** à la poupe du navire pour répondre aux appels toujours pressants de l'équipage. Le garçon était devenu « l'homme à tout faire » du navire et c'est vrai qu'il savait tout faire : découper les viandes, éplucher les légumes, recoudre les voiles, frotter le pont à grande eau et même astiquer les cuirasses des officiers. Il s'occupait également des chevaux, qui étaient bien mieux traités que les membres de l'équipage. Il faut dire qu'il n'y en avait que seize pour toute l'armée, venus tout spécialement d'Espagne et donc infiniment précieux. Cortés comptait sur eux pour impressionner les Indiens et faciliter la conquête du pays.

Un soir, le ciel vira au noir et le vent forcit. Les vagues grossirent et se coiffèrent de larges chapeaux d'écume.

- Enfin du vent ! s'exclama Bernal. Le capitaine va être content !

- Ce vent-là ne l'intéresse pas, grogna un matelot. Il nous apporte la tempête !

L'anxiété était visible sur tous les visages. Après avoir réduit les voiles, certains marins allèrent se réfugier dans les cales tandis que d'autres s'attachaient avec des cordes sur le pont. Bernal n'eut pas le temps de se mettre à l'abri. Une énorme vague balaya le pont et l'envoya cogner contre le grand mât. Il venait à peine de se relever qu'une seconde vague le souleva. Elle l'aurait entraîné par-dessus bord si le garçon n'avait eu le temps d'attraper la main que Julio lui tendait.

- Je l'ai échappé belle… Merci… Sans toi… ! s'écria-t-il en toussant.

- Tais-toi et attache-toi si tu ne veux pas finir dans l'estomac des requins ! hurla Julio.

L'effroyable tempête s'acharna toute la nuit sur la flotte de Cortés et l'abandonna désemparée au petit matin. Plusieurs bateaux avaient des voiles arrachées et certains mâts avaient été brisés par la force incroyable du vent. On apprit même qu'une dizaine d'hommes avaient été engloutis.

- C'est ma première tempête, et je m'en souviendrai toute ma vie ! déclara Bernal, fier d'avoir triomphé de sa première véritable épreuve d'aventurier.

- Si tu aimes les émotions fortes, tu seras bientôt servi, répondit le capitaine. Nous approchons des côtes du Mexique, et là-bas, la vie d'un homme ne tient qu'à un fil !

3

Le 8 février 1519 la côte mexicaine apparaît enfin…

Bernal était sur le pont, avec tous les hommes qui regardaient, émerveillés, une grande ville blanche se révéler sous le soleil levant.

Ébloui, Bernal soupira :

- Comme elle est belle, cette ville…

- On dit que Cortés lui a déjà donné pour nom Villa Luca de Veracruz, lui dit Julio.

- Qui donc a construit cette ville ? demanda Bernal, impressionné par la splendeur des bâtiments. Je croyais que les Indiens habitaient dans des cabanes de paille.

- Tu ignores encore beaucoup de choses, répondit Julio. Moi, j'ai discuté avec des hommes qui ont voyagé dans ce pays. Il paraît que les Indiens savent construire des palais aussi beaux que ceux du roi d'Espagne, et qu'ils connaissent même les mouvements des étoiles.

- Alors pourquoi va-t-on leur faire la guerre s'ils ne nous attaquent pas ? s'exclama Bernal.

- Parce que c'est un peuple cruel, expliqua Julio. Les Indiens adorent des dieux sanguinaires qui réclament des sacrifices humains. Cortés veut les **convertir** à la religion chrétienne, qui est bien meilleure que la leur.

Un soldat se mêla alors à leur conversation.

- Leur religion, j'en ai rien à faire ; moi, ce qui m'intéresse, c'est leur or, déclara-t-il. Ils en ont des montagnes. Si je peux en rapporter quelques lingots en

Espagne, je deviendrai un homme riche et je pourrai m'acheter une ferme.

- Mais cet or appartient aux Indiens, répliqua Bernal. Ils ne voudront sûrement pas nous le donner !

- Toi, tu es jeune et tu ne comprends rien, répondit le soldat. Quand tu auras pris quelques flèches dans le ventre, tu changeras sûrement d'avis, à condition que Dieu te laisse vivre, bien sûr.

Les premiers navires accostèrent devant une foule d'Indiens. Un premier groupe de cavaliers débarqua. Cortés était à leur tête, sur un grand cheval blanc. Bernal était persuadé que la guerre allait immédiatement commencer. Mais il n'en fut rien. Les Indiens semblaient effrayés par le cheval et ils s'écartaient vivement pour le laisser passer.

- Je ne comprends pas, murmura Bernal. Ils ne veulent pas nous attaquer ?

- Ils sont surpris et ils ont peur, expliqua le soldat. Et puis ils espèrent peut-être qu'on va les débarrasser des Aztèques.

- Les Aztèques ? Qui est-ce ? demanda Bernal.

- Ce sont leurs ennemis. Il y a plusieurs peuples indiens et ils se font souvent la guerre, expliqua le soldat. Les Aztèques vivent à l'intérieur des terres. Pour le moment, ils sont les plus forts, mais les autres Indiens ne les aiment pas beaucoup.

- Alors on va faire la guerre aux Aztèques ? demanda Bernal.

- Pas forcément, répondit le soldat. S'ils acceptent de se convertir au christianisme et s'ils nous donnent leur or, il n'y aura pas de problème.

- À mon avis, ça ne sera pas si facile, remarqua Julio. Leur empereur est puissant et il a une bonne armée.

- Nous avons des canons, et ils n'ont que des lances et des arcs, répliqua le soldat. S'ils ne comprennent pas que nous sommes les plus forts, tant pis pour eux !

Le capitaine vint interrompre la conversation.

- Vous êtes encore en train de bavarder ! s'écria-t-il. Pourtant le travail ne manque pas sur le navire !

- Quand est-ce qu'on descend ? demanda Bernal. J'aimerais bien voir ces Indiens de plus près !

- Tu ne descendras pas aujourd'hui, répondit le capitaine. Cortés doit d'abord s'assurer que les Indiens sont prêts à nous accueillir. En attendant, file aux cuisines, et sans discuter, sinon je te fais enfermer à fond de cale !

Quand est-ce qu'on descend ? demanda Bernal. J'aimerais bien voir ces Indiens de plus près !

4

Bernal pose enfin le pied en terre indienne…

Le jeune garçon reprit donc sa vie terne d'homme à tout faire. Il apprit par les soldats qui revenaient à bord que Cortés rencontrait souvent des chefs indiens, et que ceux-ci l'avaient surnommé « Malinche », ce qui signifie « la parole ». Cortés avait en effet l'habitude de leur faire de longs discours afin de les convaincre de se soumettre au roi d'Espagne et de se convertir au christianisme. Les Indiens étaient suspendus aux lèvres de ce petit homme maigre qui parlait si bien. Ils faisaient tout pour plaire aux Espagnols. Ils leur offrirent des volailles, des galettes de maïs, des parures de plumes et de pierres, et même vingt femmes parmi lesquelles Cortés choisit la plus belle pour compagne. Celle-ci accepta de se faire baptiser et prit le nom de Dona Marina. Les Indiens la surnommèrent cependant « Malinche », comme Cortés, car elle servait souvent d'**interprète** au grand chef espagnol.

Un matin, Bernal remarqua une agitation inhabituelle sur le navire. Les soldats peignaient leur barbe et faisaient reluire leurs casques. Regroupés sur le pont, les chevaux étaient soigneusement lavés et lustrés.

- Que se passe-t-il ? demanda le jeune garçon. On prépare un défilé ?

- C'est presque ça, répondit Julio. Cortés va rencontrer les **ambassadeurs** de Moctezuma, l'empereur des Indiens aztèques.

- Je veux aller voir ça, s'exclama Bernal.
- Je t'accompagne, répondit Julio.

Les deux garçons quittèrent le navire et suivirent discrètement un groupe de soldats à pied. Ceux-ci se dirigèrent vers le fleuve où avait lieu la rencontre. Une fois sur place, les garçons repérèrent tout de suite

Cortés monté sur son cheval blanc. Le **conquistador** avait revêtu un habit orné de plumes et de pierreries. Ses officiers l'accompagnaient.

Le petit groupe de cavaliers se dirigea vers de grands arbres sous lesquels s'étaient assis les ambassadeurs de l'empereur. Derrière eux se tenaient plusieurs rangées de guerriers armés d'arcs et de haches.

- Cortés va se faire massacrer, murmura Bernal.

- Non, regarde ! s'exclama Julio. Les Indiens lui offrent des cadeaux !

- Incroyable ! s'exclama Julio. Ce sont des soleils en or ! Et aussi des objets en argent. On dirait des lunes !

Cortés accepta les cadeaux. En échange, il donna des colliers de perles en verre.

- Cortés se moque d'eux ! murmura Bernal. Ces colliers n'ont aucune valeur !

- Pas pour eux, répondit Julio. Les Indiens ne connaissent pas le verre. Et puis ces perles sont vertes. Dans ce pays, c'est une couleur sacrée.

Cortés s'assit avec les ambassadeurs et entama une longue discussion. Sa compagne Malinche lui servait d'interprète. Autour d'eux se tenaient les guerriers indiens et les soldats espagnols, prêts à intervenir si la discussion tournait mal.

- Il vaut mieux retourner au navire, dit soudain Julio. Si on nous trouve ici, on risque d'avoir des ennuis.

5

Bernal découvre la civilisation indienne...

Les garçons furent réveillés très tôt le lendemain.

- Dépêchez-vous, on quitte le bateau ! hurla un marin.

- Que se passe-t-il ? marmonna Bernal, qui n'était pas encore bien réveillé. Le navire est en danger ? C'est la guerre ?

- Mais non, répondit le marin. On va s'installer à terre. Cortés a obtenu l'autorisation des Indiens pour notre débarquement.

Bernal et Julio passèrent une bonne partie de la matinée à charger des chariots de vivres et de matériel. Quand cela fut fait, ils traversèrent la ville en compagnie de soldats et de marins. Le capitaine du navire les accompagnait. Bernal fut surpris de découvrir de belles maisons en pierre, ainsi que des temples et des palais. Il aperçut, sur un canal, de nombreuses pirogues chargées de fruits et d'étoffes qui se dirigeaient sans doute vers un marché.

- Ces Indiens me semblent bien civilisés, murmura-t-il. Ce serait vraiment dommage de leur faire la guerre !

- Qu'est-ce que tu racontes, mon garçon ! s'exclama le capitaine. Ces Indiens ne sont pas civilisés puisqu'ils ne sont pas chrétiens ! Tu n'as pas entendu les tambours l'autre nuit ?

- Si, je les ai entendus, répondit Bernal. Ils m'ont fait peur...

- Eh bien ! Tu as eu raison d'avoir peur, poursuivit le capitaine. Les tambours accompagnent les sacrifices humains que les Indiens font régulièrement à leurs dieux. Tu trouves que c'est civilisé, ça ?

- Non... mais si on leur fait la guerre, on va les tuer, et ce sera un peu comme des sacrifices humains... répondit Bernal.

- Toi, tu penses trop ! s'exclama le capitaine. Un peu de travail va te faire du bien. Tu vois cette grande bâtisse qui est devant nous ? C'est là que nous allons nous installer. Va directement aux cuisines et aide à nous préparer un bon repas pour ce soir !

Lorsqu'il arriva aux cuisines, Bernal eut la surprise d'y découvrir une fillette penchée sur une grande marmite. Elle était habillée d'une longue robe de laines bariolées et ses cheveux noirs étaient nattés à la façon des femmes indiennes. Bernal toussota pour attirer son attention. Lorsqu'elle se retourna, la fillette fut si effarée qu'elle laissa tomber dans la marmite les épices qu'elle tenait à la main. Bernal éclata de rire.

- Tu vas nous rendre malade avec ça ! plaisanta-t-il.

La petite était pétrifiée. Elle gardait les yeux rivés au sol.

- Allez, regarde-moi ! fit Bernal.

- Pas... regarder les dieux..., murmura-t-elle.

- Les dieux, s'étonna Bernal. Mais je ne vois aucun dieu ici ! Il n'y a que toi et moi !

- Mais toi... un dieu..., répéta la fillette.

- Mais non ! s'exclama Bernal en riant. Je suis un être humain, comme toi !

Il s'approcha de la fillette et voulut lui prendre la main, mais celle-ci s'enfuit aussitôt.

Pas... regarder les dieux..., murmura la fillette.

- Ça alors ! marmonna le garçon. On dirait que j'ai la peste !

Luis, le chef cuisinier, entra alors dans la pièce. Il comprit immédiatement ce qui s'était passé.

- Si tu veux vivre dans ce pays, tu dois apprendre comment les Indiens réagissent, expliqua-t-il. Il ne faut pas brusquer les choses avec eux.

- Mais elle me prend pour un dieu ! s'exclama Bernal.

- C'est normal, poursuivit Luis. Il y a très longtemps, les Indiens avaient un roi nommé Quetzalcóatl. C'était un homme à la peau blanche et à la barbe dorée. Les Indiens le vénéraient comme un dieu. Lorsqu'ils nous ont vus arriver, ils ont cru que nous étions ses descendants, parce que nous sommes nous aussi blancs et barbus. Tu vois, c'est tout simple !

- Mais cette petite Indienne, qui est-elle ? demanda Bernal.

- Cette maigrichonne, c'est la nièce de Dona Marina, la compagne de Cortés. On l'appelle Petite Malinche.

- Elle travaille aux cuisines ? demanda Bernal.

- Elle vient de temps en temps, répondit Luis. Mais ce n'est pas le moment d'avoir la tête qui tourne à cause d'une fille ! Mets-toi au travail, et vite ! Tu sais bien que les soldats n'aiment pas attendre leur repas.

6

L'expédition reste cantonnée sur la côte et les hommes commencent à s'impatienter...

Cinq mois passèrent ainsi. L'excitation des premiers jours avait cédé la place à une routine pesante et Bernal commençait à s'ennuyer ferme. Il allait des cuisines aux écuries, des écuries aux ateliers d'armes et des ateliers d'armes aux cuisines. C'étaient toujours les mêmes travaux ennuyeux. À chacun de ses déplacements, il espérait croiser Petite Malinche mais il n'aperçut sa frêle silhouette que deux ou trois fois, et de loin.

Un jour pourtant, alors qu'il était avec Julio en train de brosser une jeune pouliche qu'il avait nommée Eecatl, il remarqua la fillette qui traversait la cour tout en le regardant à la dérobée. Il s'approcha d'elle.

- Te voilà enfin, Petite Malinche ! s'exclama-t-il. Ça fait longtemps que je te cherche !

La fillette s'était arrêtée au milieu de la cour. Elle restait immobile, les yeux fixés au sol, paralysée par la peur.

- Qu'est-ce qui t'effraie tant ? s'étonna Bernal. Est-ce que c'est Eecatl, la pouliche ?

Le garçon tendit la longe à Julio et lui demanda de rentrer le cheval à l'écurie.

- Il ne faut pas avoir peur des chevaux, expliqua Bernal. Ce sont des animaux formidables qui nous rendent bien des services.

- Ma tante dit que vous êtes des hommes-chevaux, murmura Petite Malinche. Elle pense que vous êtes des dieux et que vous êtes dangereux. Elle dit que je ne dois pas parler avec toi.

La jeune Indienne s'en alla aussitôt, laissant Bernal perplexe au milieu de la cour.

À cet instant passa Pedro de Alvarado, l'un des principaux officiers de Cortés. Bernal osa s'adresser directement à lui.

- Don Alvarado, allons-nous rester encore longtemps dans cette ville ? Je croyais que nous étions venus pour conquérir le Mexique !

Don Alvarado éclata de rire.

- Voilà bien l'impatience de la jeunesse ! Tu crois peut-être qu'une expédition aussi importante se prépare en quelques semaines ? Il nous faut du temps. Cortés doit d'abord nouer des alliances avec les chefs indiens, il doit distinguer ceux qui seront amis de ceux qui seront ennemis. C'est très compliqué !

- Mais puisque les Indiens nous prennent pour des dieux, cela devrait être simple, répliqua Bernal. Ils doivent comprendre que leurs divinités ne sont pas bonnes et que le vrai dieu est celui des chrétiens.

Un jeune officier se mêla à la conversation.

- Ce garçon a raison, déclara-t-il. Les soldats aussi trouvent le temps long. Eux qui rêvaient de conquête et d'or, ils passent leurs journées à jouer aux cartes.

- Ne vous impatientez pas, répondit Alvarado. Je ne peux pas vous en dire plus, mais je sais que le jour du départ approche.

Alvarado tourna brutalement les talons et s'éloigna.

Bernal a hâte que l'expédition à l'intérieur des terres commence. Il en fait part à Don Alvarado, l'un des principaux officiers.

- Les Indiens le prennent pour le soleil, murmura le jeune officier, mais moi, il ne m'éblouit pas. Si nous restons encore longtemps ici, les hommes vont se révolter, c'est sûr.

Alvarado rapporta peut-être cette conversation à Cortés car quelques jours plus tard, le début de l'expédition fut enfin annoncé, au grand soulagement de tous.

- On part pour Tenochtitlán, indiqua Julio, très excité à la perspective de ce voyage. C'est la cité de Moctezuma, l'empereur des Aztèques.

- Et c'est loin ? demanda Bernal.

- C'est loin, et surtout c'est haut ! expliqua Julio. La ville est à plus de 2 000 mètres d'altitude. Le voyage va nous prendre plusieurs semaines.

7

Après une longue traversée du pays, Bernal rencontre enfin les premiers Aztèques...

Le voyage fut en effet long et particulièrement périlleux. Après avoir traversé une jungle infestée d'insectes agressifs et de serpents venimeux, la troupe commença l'ascension de la montagne. Les chemins étaient si étroits et si escarpés que plusieurs hommes chutèrent et furent entraînés par des rivières de pierres jusqu'au fond des ravins. Le froid dû à l'altitude fit également des victimes parmi les nombreux Indiens qui accompagnaient l'expédition.

Des jours et des semaines passèrent car Tenochtitlán était très loin de la côte. Plus on montait, plus il faisait froid. Bernal marchait comme dans un rêve.

- Tu arrives à suivre ? s'inquiétait Julio en le voyant parfois s'arrêter à bout de forces.

Bernal serrait les dents. Pour toute réponse, il grimpait plus vite.

On ne comptait plus les jours de marche ni les haltes. On ne comptait plus les semaines.

Et puis, un soir, la grande cité aztèque apparut au loin. Les volcans, les temples et les palais de Moctezuma se fondaient dans une brume dorée.

Cortés décida de remettre au lendemain l'entrée dans la ville. Il ne voulait pas que ses hommes apparaissent sales et affaiblis.

Au petit matin, les chevaux furent brossés, les barbes taillées, les armes astiquées, et la troupe put enfin pénétrer dans la cité au son des tambours. Cortés était en tête, installé sur son puissant cheval. À côté de lui, un molosse impressionnant retroussait les babines. De l'autre côté, Malinche, sa fidèle compagne, marchait avec la souplesse des Indiennes.

Le chemin emprunté par les Espagnols débouchait sur une vaste esplanade sur laquelle s'était réunie la noblesse aztèque. De nombreux guerriers étaient également présents.

Cortés s'arrêta à quelques mètres d'eux et attendit l'arrivée de l'empereur.

La foule s'écarta soudain pour laisser passer des hommes qui portaient une sorte de trône sur lequel Moctezuma était assis. On le voyait à peine car un grand **dais** vert brodé d'or et d'argent le protégeait du soleil.

Les porteurs s'agenouillèrent afin de permettre à l'empereur de mettre pied à terre, et aussitôt des

Moctezuma, l'empereur Aztèque, accueille en grande pompe Cortés et ses hommes.

Indiens se précipitèrent pour étendre des étoffes sous les pieds de leur roi. Des nobles accompagnaient le souverain. Ils étaient vêtus de longs manteaux sur lesquels flottaient des ailes en plumes semblables à celles de papillons géants.

D'autres personnages incroyables apparurent. Bernal remarqua notamment des hommes au visage masqué d'un loup de mosaïque. Leurs chevelures étaient cachées par d'épaisses perruques alourdies de somptueux panaches d'or. Certains d'entre eux portaient de larges plateaux de bois dans la bouche et à leurs oreilles pendaient des demi-lunes en or.

Bernal ne put s'empêcher d'admirer ces Indiens. Ils avaient vraiment fière allure ! Même s'il avait revêtu ses plus beaux habits, le garçon se sentait un peu ridicule avec son étroite **fraise** blanche qui lui serrait le cou, sa vieille tunique et ses petits rubans attachés aux genoux.

Le jeune garçon eut soudain conscience d'une présence insolite à ses côtés. Il tourna la tête et découvrit Petite Malinche à quelques mètres de lui.

8

Avec l'aide de Petite Malinche, Bernal découvre la civilisation aztèque…

- Petite Malinche ! Qu'est-ce que tu fais là ? s'exclama-t-il, heureux de retrouver enfin celle qu'il avait si longtemps cherchée.

- Chut ! répondit la fillette. Je suis inquiète. Les Indiens ne seront pas contents. Cortés fait beaucoup d'erreurs.

- Des erreurs ? s'étonna Bernal. De quelles erreurs parles-tu ?

- Cortés regarde l'empereur dans les yeux, et c'est interdit. L'empereur est un dieu, il ne faut pas croiser son regard.

- Mais Cortés est plein de bonnes intentions, répliqua Bernal. Regarde, il lui offre un collier de perles vertes.

- Oh là là ! gémit Petite Malinche tout en gardant les yeux rivés sur les deux hommes. Cortés a touché l'épaule de l'empereur, et ça aussi c'est interdit !

Bernal avait lui aussi remarqué un mouvement de stupeur chez les Indiens. Ils étaient visiblement surpris et contrariés que l'on se permette de regarder et de toucher ainsi Moctezuma. L'empereur, lui, ne sembla pas s'en offusquer et il offrit un collier de grosses crevettes d'or au chef des conquistadors. Cortés s'inclina à peine pour remercier, puis il parla et Malinche traduisit à l'intention de l'empereur.

- Je viens de la part d'un grand roi qui vit au-delà des mers, déclara Cortés. Il se nomme Charles Quint. Il vous aime et il vous salue.

L'empereur répondit quelque chose que Bernal n'entendit pas, puis les deux hommes s'éloignèrent l'un de l'autre.

- Que se passe-t-il ? demanda Bernal. Ils se sont fâchés ?

- Je ne crois pas, répondit Petite Malinche. Je pense que notre empereur est inquiet et qu'il ne sait pas quoi faire. Votre Charles Quint, c'est sûrement un dieu puissant mais il n'aime pas les divinités de notre pays.

- Les divinités de ton pays ne sont pas bonnes, répondit Bernal. Elles réclament des sacrifices humains !

Je viens de la part d'un grand roi qui vit au-delà des mers, déclare Cortés à l'empereur des Aztèques.

Petite Malinche ne put retenir un cri d'indignation.

- Et ton dieu alors ! s'écria-t-elle. Tu crois qu'il est meilleur que les nôtres ? Pour ton dieu, Cortés a déjà tué des milliers d'Indiens ! Ses soldats nous apportent des maladies qui nous font mourir. Vous prétendez que vous êtes là pour notre bien, mais est-ce vrai ? Est-ce que vous ne voulez pas plutôt nous piller et nous tuer ?

Bernal eut envie de réagir, mais il se ravisa. Les conversations des soldats lui revinrent à l'esprit. Il n'y était question que d'or, de batailles et d'esclaves.

- Je ne sais pas, répondit-il finalement. Ce n'est pas moi qui commande.

- C'est dommage, répondit Petite Malinche. Je suis sûre que tu serais un bon commandant, surtout avec le soleil que tu as sur la tête.

- Comment ? s'exclama Bernal. J'ai un soleil sur la tête ?

- Tes cheveux sont dorés comme les rayons d'un soleil, murmura la jeune fille. Chez nous, c'est un signe qui ne trompe pas.

- Mais nous ne sommes pas des dieux, nous sommes des êtres humains comme toi ! Il n'y a qu'un seul dieu, et c'est le dieu des chrétiens.

Le visage de la Petite Malinche s'assombrit brutalement. Elle tourna le dos à Bernal et s'en alla sans dire un mot.

- Décidément, les Indiennes ne sont pas faciles à comprendre, soupira le jeune garçon.

9

Lors d'un festin offert par l'empereur, Bernal et Petite Malinche se perdent dans le palais…

Le soir de la même journée, les officiers espagnols furent invités au palais de Moctezuma. Ils s'y rendirent avec quelques soldats, et Bernal fut autorisé à les accompagner. Dès leur entrée, les visiteurs furent frappés par l'atmosphère calme et raffinée qui régnait en ce lieu. Les murs étaient décorés de fresques multicolores et il y avait des fleurs partout.

Bernal n'était pas admis à la table de l'empereur et c'est en compagnie des soldats qu'il s'assit sur une natte posée à même le sol. Heureusement, le repas était délicieux : il y avait des crêpes de farine, des pâtes de légumes, des tranches de citrouille aux **épices**, de la viande de petits animaux et une purée amère de fèves de chocolat.

À la fin du repas, Bernal eut une heureuse surprise : Petite Malinche vint s'asseoir à côté de lui.

- Je commençais à m'ennuyer, dit Bernal. Si nous allions nous promener dans la ville ?

- Mais tu sais bien que c'est interdit ! protesta Petite Malinche. Les Espagnols n'ont pas le droit de sortir sans escorte.

- Ne t'en fais pas, répondit Bernal. J'ai ce qu'il faut !

Il sortit de sa sacoche un bonnet de laine indienne dont il se coiffa et une sorte de poncho bariolé qu'il enfila rapidement.

Ainsi vêtu, Bernal avait l'allure d'un jeune Indien.

- J'ai acheté ces vêtements sur le marché, expliqua le garçon.

Il se leva discrètement et se dirigea vers la sortie, bien vite suivi par Petite Malinche qui n'avait pas l'intention de le laisser partir seul.

Les deux adolescents se perdirent dans le palais tant les pièces étaient innombrables. Ils arrivèrent finalement dans un jardin intérieur planté d'une multitude de fleurs et d'arbustes exotiques.

- Comme ça sent bon ! s'exclama Bernal. Je suis sûr que notre roi Charles Quint n'a pas un jardin aussi beau que celui-là !

Il aperçut alors un enfant qui jouait avec une balle.

- Est-ce que c'est le fils de l'empereur ? demanda Bernal.

- Sûrement pas, répondit Malinche. À mon avis, c'est le fils d'un serviteur. Tu sais à quoi il joue ?

- Bien sûr, répondit Bernal. Il joue à la balle. Je suis sûr que tous les enfants du monde connaissent ce jeu !

- Chez nous, ce jeu est un peu particulier, expliqua Petite Malinche. Tu vois, il faut faire passer la balle à travers un anneau de pierre. Ce n'est pas facile car on ne peut se servir ni des mains ni des pieds.

- Chez vous, rien n'est simple, remarqua Bernal.

- La balle, c'est le Soleil, poursuivit la fillette. Il traverse l'air et doit sans cesse lutter contre la nuit qui veut empêcher son voyage.

- Chez vous, tout est compliqué ! reprit Bernal. Moi, quand je joue avec une balle, je ne pense pas au Soleil !

Un Indien pénétra à cet instant dans le jardin. Bernal rabattit son bonnet sur ses yeux, mais sans succès. L'homme fut surpris et effrayé de découvrir un étranger dans le jardin de l'empereur. Il n'osa pas parler à Bernal et s'adressa directement à Petite Malinche.

- Il dit que tu n'as pas le droit d'être là, et que tes compagnons te cherchent, traduisit la jeune fille.

Bernal préféra renoncer à sa promenade dans la ville et décida de rejoindre ses amis. Il les retrouva alors qu'ils quittaient le palais.

- Eh bien, où étais-tu encore passé ? s'exclama Don Alvarado. On croyait que ces Indiens t'avaient mis de côté pour t'offrir à un de leurs dieux ! Sais-tu qu'ils égorgent leurs victimes sur un **autel**, à l'aide d'un grand couteau de pierre ? Est-ce que cela te tente ?

Bernal baissa le nez.

- Si tu as envie de jouer avec le feu, ça te regarde, poursuivit l'officier, mais je ne voudrais pas qu'une guerre éclate à cause d'un gamin inconscient. À partir de maintenant, tu n'auras plus le droit de quitter le campement.

Ils sortaient du palais lorsque Bernal remarqua un soldat qui dissimulait un plat en or sous son manteau. Il ne dit rien mais pensa que la bonne entente avec les Indiens n'allait pas durer longtemps.

10

Cortés est obligé de retourner sur la côte avec une partie de son armée. Les hommes restés sur place en profitent pour piller les richesses. Les Indiens ne se laissent pas faire…

Les jours suivants furent marqués d'une grande agitation. Un messager venait d'informer Cortés qu'une importante flotte espagnole venait de débarquer au Mexique, et que son but n'était pas de combattre les Indiens mais de le capturer, lui, Cortés.

Bernal ne comprenait plus rien, et il n'était pas le seul ! Il profita d'une discussion avec Alvarado pour demander quelques explications.

- Don Alvarado, on raconte partout qu'une flotte espagnole vient d'arriver pour capturer Cortés. Avec tout le respect que je vous dois, qu'est-ce que c'est que cette histoire de fous ?

- Ce n'est pas une histoire de fous, c'est de la politique ! répliqua l'officier. Vélasquez, le gouverneur de Cuba, pense que Cortés a trop d'ambition. Il a peur qu'il prenne la place de l'empereur et qu'il se proclame roi du Mexique. Il a donc décidé de le remplacer par un commandant plus obéissant.

- On va être obligé de se battre contre des Espagnols ? s'étonna Bernal.

- Je ne pense pas, répondit Alvarado. Cortés part dès ce soir pour aller à leur rencontre. Je suis sûr qu'il parviendra à les faire changer d'avis.

- Et nous, on part aussi ? demanda Bernal.

- Non, on reste ici, répondit Alvarado. Et à partir de maintenant, sache que c'est moi qui commande.

Don Alvarado ne tarda pas à profiter de l'absence de Cortés. Il organisa de fréquentes expéditions uniquement pour trouver de l'or. Au début, il s'attaqua à de modestes temples. La plupart des Indiens n'osaient pas s'opposer à ces dieux blancs montés sur d'effrayantes créatures à quatre pattes, et ceux qui tentaient de résister étaient tués sans pitié. Bernal n'étant pas soldat, il ne participait à aucune de ces expéditions, mais c'est au retour de l'une d'elles qu'il comprit ce qui se passait. Il découvrit en effet des hommes occupés à briser à coups de marteau des statues et des plats en or.

- Mais qu'est-ce qui vous prend ? s'écria le garçon. Pourquoi cassez-vous ces objets ?

- Parce qu'ils sont en or, répondit un soldat. On va les faire fondre pour faire des lingots. Quand on les ramènera en Espagne, ça prendra moins de place.

- Mais ces statues sont superbes ! protesta Bernal.

- Elles ont été faites pour honorer de mauvais dieux, répliqua le soldat, et leur beauté ou leur laideur n'a aucune importance. Ce qui compte, c'est l'or.

Bernal comprit qu'il était inutile d'insister, et il se surprit à souhaiter un retour rapide de Cortés.

Des semaines passèrent. L'or s'accumulait, mais Don Alvarado et ses soldats en voulaient toujours plus. Ayant appris que les nobles Indiens organisaient une importante cérémonie dans le plus grand temple de la ville, il réunit tous ses soldats et lança une violente attaque contre le bâtiment. Les centaines d'Indiens qui s'y trouvaient furent massacrés. Alvarado et ses hommes volèrent tous les objets précieux qu'ils pouvaient trouver puis se replièrent rapidement sur leur campement.

Une terrible colère souleva alors la population et en quelques jours, des milliers d'Aztèques se lancèrent à l'attaque des Espagnols. Cortés revint à ce moment-là. Il avait réussi à convaincre l'expédition de Vélasquez de se joindre à lui et les centaines d'hommes qui l'accompagnaient s'allièrent aux soldats d'Alvarado pour combattre les Indiens.

Des milliers d'Indiens se révoltent contre les pillages des Espagnols…

La bataille fit rage pendant plusieurs jours. Conscient de l'ampleur de la révolte, Cortés tenta de rejoindre le palais de l'empereur. Il espérait que Moctezuma parviendrait à calmer son peuple. Il s'aperçut alors que l'empereur lui-même était en difficulté. Les Indiens lui reprochaient de les avoir livrés à la barbarie des dieux blancs.

Lorsque Cortés parvint au palais de l'empereur, c'était déjà trop tard. Moctezuma avait été tué par une flèche tirée par un Aztèque.

Attaqués de toutes parts, les soldats espagnols finirent par se regrouper au centre de la ville pour mieux résister. Ils réussirent à repousser les Indiens.

11

Les combats entre Espagnols et Indiens aztèques font rage... Bernal et Petite Malinche assistent impuissants à ces événements...

Après des jours de réflexion, Cortés pensa avoir trouvé une solution.

- Nous allons tenter une sortie, expliqua-t-il à ses officiers. Nous quitterons la ville pendant la nuit et nous essaierons de regagner la côte.

Le soir du 10 juillet 1520, les Espagnols s'enfuirent. La bataille fut effroyable et des centaines de soldats espagnols furent tués. Cortés parvint cependant à se retirer avec le reste de son armée. D'autres que lui auraient sans doute abandonné le combat, mais le conquistador refusa de s'avouer vaincu. De toute façon, il n'avait guère le choix : s'il revenait à Cuba, c'était pour finir ses jours en prison !

Cortés reprit donc la lutte. Il réussit à s'allier avec de nouvelles tribus indiennes désireuses de se débarrasser des Aztèques. Appuyé par ces renforts inespérés, il lança une nouvelle attaque contre la capitale indienne qu'il conquit le 13 août 1521. Il rebaptisa la ville Mexico.

Bernal avait traversé ces événements comme une suite ininterrompue de cauchemars. Il n'aurait jamais pensé que l'homme était capable d'une telle violence, et qu'il pouvait massacrer, et massacrer encore, uniquement pour assouvir son besoin de puissance et de richesse. Parfois, il oubliait toutes ces horreurs.

Le temps passant, il était devenu un grand adolescent. Depuis quelques semaines, il guettait avec impatience le duvet blond qui commençait à ombrer sa lèvre et ses joues. Bernal était triste car il se sentait seul. Son ami Julio avait disparu dans la tourmente, sans doute tué par les Indiens. Il ne lui restait plus que Petite Malinche, avec laquelle il avait rarement l'occasion de discuter.

Un matin, alors qu'il lustrait la robe de la pouliche Eecatl dans la cour du palais de Cortés, il aperçut la jeune fille qui se dirigeait vers lui d'un pas rapide. En grandissant, Petite Malinche était devenue une jeune fille fort jolie même si elle ne souriait jamais.

- Viens avec moi, murmura-t-elle, il faut que je te montre quelque chose.

- Nous y allons à pied, ou bien tu acceptes de monter avec moi à cheval ? demanda le garçon.

La jeune Indienne n'hésita pas une seconde. Elle avait compris depuis longtemps que les chevaux n'étaient que des animaux, et que les Espagnols n'étaient pas des dieux.

- À cheval, répondit-elle. Je monte derrière toi, et je te guiderai.

Ils quittèrent la ville et se dirigèrent vers la montagne. Après une heure de route, Petite Malinche demanda à Bernal d'arrêter le cheval.

- On va avancer en se cachant dans les buissons, murmura-t-elle. Je préfère qu'on ne nous voie pas ici, et surtout qu'on ne nous voie pas ensemble.

Ils progressèrent le dos courbé sous les feuillages et arrivèrent sur une grande esplanade de terre battue. Des centaines d'Indiens travaillaient là sous leurs yeux. Certains sortaient d'une galerie creusée dans le flanc de la montagne. Ils portaient des sacs lourdement chargés de pierres. D'autres triaient le minerai, puis le chargeaient dans des chariots. Tous travaillaient sous les cris et les coups de fouets de soldats espagnols.

- Regarde ce qu'est devenu mon peuple, dit Petite Malinche. Où sont passés les fiers Indiens qui t'ont tellement impressionné lorsque tu es arrivé dans mon pays ? Regarde-les maintenant ! Ils courbent le dos sous les coups et les insultes. Ils sont devenus des esclaves.

Bernal sentit un goût amer envahir sa bouche, et ses yeux se remplirent de larmes.

- Ce n'est pas ma faute, murmura le garçon. Je n'ai jamais voulu cela.

- Et pourtant, c'est cela qui est arrivé ! s'exclama la jeune fille. Et toi tu ne peux rien faire ! Tu as le Soleil sur la tête et tu ne peux rien faire ?

- Je ne peux rien faire, répondit Bernal. Je ne peux rien faire parce que je suis seul.

- Non, tu n'es pas seul, je suis là, moi ! protesta Petite Malinche. On va essayer...

Le garçon blanc prit la main de la jeune Indienne, et tous deux s'éloignèrent. Ils marchèrent longtemps. Ils ne savaient pas encore où ils allaient. Mais ils pensaient qu'ils avaient toute la vie devant eux pour tenter de changer le monde.

FIN

Questions sur le récit

1. Qui est le personnage principal ?

2. Dans quelle grande aventure se lance-t-il au début de l'histoire ?

3. Comment se termine l'histoire ?

4. Quels personnages ont vraiment existé ? Quels personnages sont uniquement imaginaires ?

5. Indique quatre faits historiques que tu as appris sur la conquête du Mexique par Cortés en lisant ce récit.

Recherches

Contrairement à Bernal et à Julio, Cortés a réellement existé. À l'aide d'un dictionnaire, fais une recherche sur ce personnage.

Que t'apprend le récit sur Tenochtitlán ? Quelles informations la question 8 de la page 60 t'apportent-elles en plus ?

Essaie de distinguer ce que les auteurs de *Bernal et le Nouveau Monde* ont inventé et ce qui est le résultat de leurs recherches sur la civilisation aztèque.

Lire un texte documentaire

Extrait de

Christophe Colomb

Martine Sassier et Annie-Claude Martin,
coll. « Monde en poche », Nathan.

La grande aventure

Au-delà du Grand Océan

Vendredi 3 août 1492. Trois petits vaisseaux quittent le port de Palos, en Espagne ; deux caravelles, la *Pinta* et la *Niña*, et une nef, la *Santa Maria*. Une grande aventure commence : la traversée de l'Atlantique. Au terme de leur voyage, les hommes qui partent ce jour-là, sous le commandement du Génois Christophe Colomb, toucheront, sans le savoir, un **continent** encore inconnu : l'Amérique. La plus grande découverte géographique de tous les temps !

Des navires ordinaires

La *Pinta* et la *Niña* sont deux caravelles, des bateaux légers, rapides et robustes mis au point par les Portugais pour leurs voyages d'exploration. En effet, très maniables, elles permettent d'approcher facilement les côtes, sans grand risque de toucher le fond.

La *Santa Maria* est une nef, un vaisseau court, aux formes arrondies et haut sur l'eau.

Depuis deux siècles, les marchands italiens et espagnols

Portrait de Christophe Colomb (1451-1506).

Les trois navires de Christophe Colomb :
les deux caravelles, la *Niña*, la *Pinta*
et la nef, la *Santa Maria*.

utilisent des bateaux de ce type pour commercer en Méditerranée.

Un seul maître : le vent

Mais la voilure de la caravelle n'a rien d'exceptionnel. Sans doute est-elle très grande, mais comme celle de tous les navires qui prennent la haute mer. Ces navires doivent sans cesse lutter contre le vent, l'exploiter au mieux.

Le vent dicte sa loi. Qu'il tourne et souffle de face, et le navire « perd en une journée tout ce qu'il avait pu gagner en une semaine ». Et quel drame quand la flotte « doit rester au port six ou huit mois, à attendre ».

La navigation dépend donc entièrement de la connaissance des vents et des courants marins. Sans elle, « toute la science de la marine serait inutile ».

Cette science, Christophe Colomb la possède, il le sait, et il croit beaucoup en ses résultats.

Des instruments très imprécis

De même, il accorde une grande confiance à la boussole, qu'il utilise à merveille. Elle lui a permis, au cours de tous ses voyages, de faire suivre à ses navires la route qu'il souhaitait. Ses pilotes gardent d'ailleurs auprès d'eux une pierre à aimanter les aiguilles.

Les autres instruments, encore peu précis, sont d'un emploi plus difficile et moins fréquent. Ainsi, les navigateurs savent déjà qu'ils peuvent se repérer par rapport à la hauteur du soleil et des étoiles. Mais les appareils dont ils disposent, comme l'astrolabe, ne donnent encore que des résultats assez vagues.

LE SABLIER DU TEMPS
Pour mesurer le temps, on embarque des sabliers à bord des navires. Dans ces fragiles ampoules de verre, le sable s'écoule en une demi-heure ou en une heure. Dès qu'elles sont vides, le mousse chargé de les surveiller les retourne. Elles rythment ainsi toute la vie à bord.

L'ASTROLABE
Cet outil permet aux marins de se repérer en mer grâce au positionnement des astres.

Une nef et des caravelles ? Des navires bien ordinaires. Les instruments de navigation ? Une simple boussole et des appareils encore imprécis. À la fin du XVe siècle, le succès des grands voyages en mer tient moins à la technique qu'à la valeur d'un homme. Un capitaine qui applique son expérience aux nouveaux problèmes qu'il rencontre, qui met toute sa volonté à atteindre son but, qui sait s'entourer d'un équipage dévoué qui l'admire et qui lui fait une confiance totale a plus de chances de mener son expédition à terme.

Des hommes fidèles

Christophe Colomb sait choisir les hommes qui l'accompagnent. Ils ne sont jamais très nombreux mais toujours passionnés par l'aventure. Souvent ces marins, presque tous espagnols, et tous volontaires, se connaissent déjà. Certains sont d'anciens prisonniers. Parfois, ils appartiennent à la même famille.

Ils mènent en mer une vie dure, rythmée par les manœuvres et les prières dites en commun plusieurs fois par jour. Ils dorment sur le pont, puisque seuls Colomb et les « maîtres » – les pilotes des navires – disposent d'une cabine. Ils sont mal payés, même s'ils espèrent trouver la fortune aux **Indes**. Mais, ils sont fascinés par leur capitaine et en huit années de navigation, celui-ci ne connaîtra qu'une révolte.

Une petite chandelle de cire

Chaque matin, le même espoir : les hommes se persuadent qu'il fait doux, que la mer est moins salée, qu'on approche d'un rivage, qu'on le distingue même. Et chaque soir, c'est la même déception : ils doivent admettre qu'ils n'ont vu aucune terre. Bientôt de grands calmes réduisent beaucoup l'allure de la flotte.

Le 7 octobre, Colomb doit se décider à dévier le cap vers le sud-ouest. Les commandants des deux autres navires (les frères Pinzón) voudraient faire demi-tour, l'équipage étant proche de la **mutinerie**.

Et soudain, à deux heures du matin, dans la nuit du 12 octobre, une terre apparaît, bien réelle cette fois, au clair de lune. « C'était comme une petite chandelle de cire, qui s'abaissait et s'élevait. »

Cette toute petite île, envahie de coraux, connue aujourd'hui sous le nom de Guanahani, dans l'archipel des Bahamas, Christophe Colomb la baptise aussitôt : ce sera San Salvador (de Saint-Sauveur en espagnol), puisque les navigateurs sont sauvés.

L'accueil des Indiens

Aussitôt arrive une foule d'indigènes, aux corps nus et bariolés de différentes couleurs. « Ils venaient à la nage jusqu'aux barques où nous nous tenions et nous apportaient des perroquets, des pelotes de fil de coton, des pagaies et bien d'autres choses que nous échangions contre des colliers et des grelots. »

La flotte va rester trois mois dans ces eaux. Après avoir embarqué six Indiens pour apprendre leur langue (Colomb les appelle « Indiens » car il est persuadé d'avoir abordé les Indes), l'**amiral** visite plusieurs îles voisines, dont la végétation l'émerveille. « Il y a des arbres de mille sortes, chacune avec son fruit particulier, et le chant des oiseaux vous fait désirer de ne plus partir. » Il se dirige pourtant vers Cuba – qui pour lui n'est autre que Cipango (le Japon). Dès qu'il a touché l'île, Colomb envoie une ambassade au roi de la région. Ses messagers reviennent déçus. Ils n'ont pas rencontré le souverain qu'ils cherchaient, mais « des hommes et des femmes qui, un tison à la main, allumaient des herbes dont ils avalaient la fumée ». Telle est leur première découverte du tabac !

On repart pour aborder cette fois une grande île (Haïti), que Colomb appelle « Hispaniola », l'« île espagnole », car les animaux et les plantes qu'il découvre ressemblent à ceux d'Espagne.

C'est à Hispaniola que Colomb entend des Indiens parler d'une région riche en or. L'amiral se persuade qu'il va enfin trouver des richesses considérables.

C'est pourtant là que se produit le drame de ce premier voyage. Soudain, dans la nuit du 24 décembre 1492, la *Santa Maria* s'échoue sur un récif de corail. Grâce aux canoës indiens, on peut ramener le chargement à terre, mais le navire est perdu.

Ce que croyait Christophe Colomb…

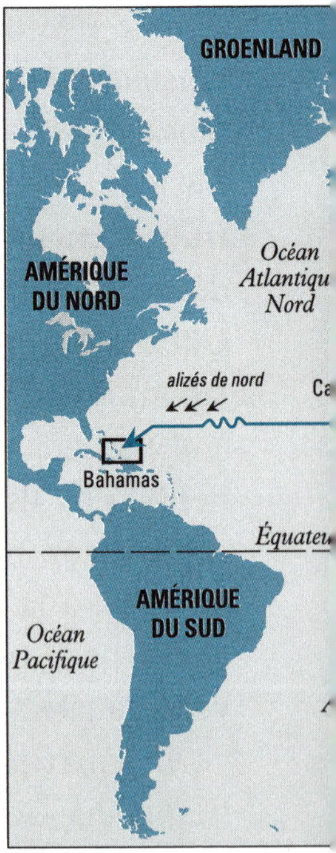

… et ce qui s'est réellement passé !

Tous les hommes ne pourront pas réembarquer vers l'Espagne. Une trentaine d'entre eux se propose de rester. « Quand je reviendrai, ils auront pu amasser un tonneau d'or et des épices », écrit Colomb. On construit rapidement un fortin, baptisé La Navidad (la Nativité en espagnol), en souvenir de ce Noël, et on laisse aux nouveaux colons quelques provisions et surtout des outils et des semences pour cultiver le sol.

Un retour triomphal

Le 16 janvier 1493, le voyage de retour vers l'Europe commence. Il s'annonce aussitôt difficile. Les réserves de vivres ont diminué, les bateaux présentent des voies d'eau, Colomb soupçonne certains hommes de « trahison ».

Surtout, l'hiver et son mauvais temps sont là. Le 12 février, c'est la tempête tant redoutée, épouvantable.

(...) La mer pourtant se calme enfin. Après un mois de navigation, Colomb touche les Açores, dont les habitants, s'étonne-t-il, « ne connaissent ni le roi ni la reine de Castille ». Encore quelques jours de gros temps et le voilà à Lisbonne. Dans la capitale portugaise, pourtant peu favorable aux Espagnols, le peuple lui réserve un grand triomphe. Le 13 mars, il appareille et, le 15, entre dans la baie de

Palos qu'il a quittée sept mois et demi plus tôt.

Le 31 mars, Christophe Colomb rejoint les souverains espagnols à Barcelone, accompagné des six Indiens qu'il a ramenés, portant leurs vêtements colorés, leurs plus belles armes et leurs bijoux en or. Colomb reçoit la confirmation de ses titres et des honneurs de toutes sortes. Il chevauche au côté du roi. Il assiste aux cérémonies de la Cour. Il reçoit des financiers. Cette fois, l'argent ne lui manquera pas. Il va pouvoir réunir une nouvelle flotte et repartir.

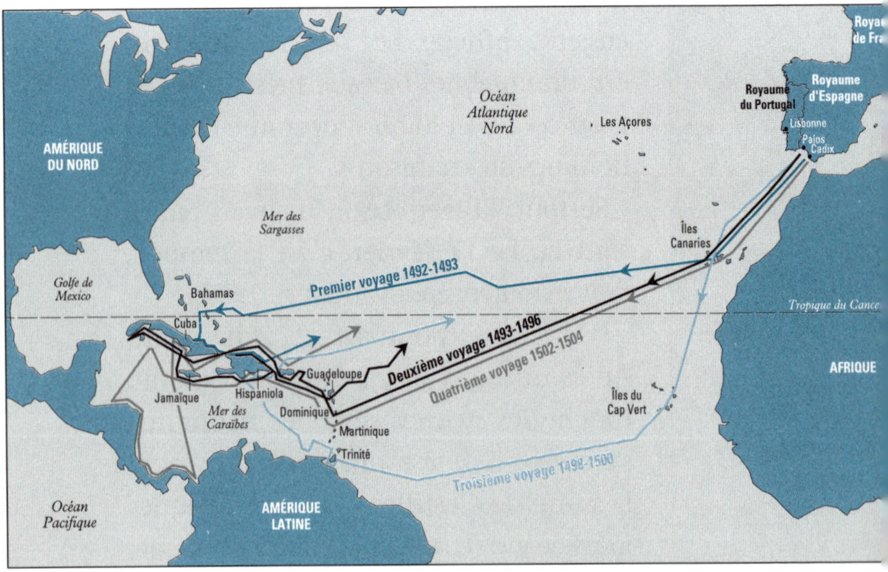

Questions
sur le texte documentaire

1. Pourquoi les caravelles ont-elles permis à Christophe Colomb de découvrir l'Amérique ? Quel autre type de bateau a-t-il utilisé ?

2. Quels sont les deux principaux pays qui, au XVIe siècle, envoyaient leurs navigateurs sur les mers ? Dans quelles villes de ces deux pays Colomb est-il passé ?

3. Cite les instruments utilisés à l'époque pour naviguer. Quel est le rôle de chacun d'eux ?

4. En te servant des cartes page 52 et du texte documentaire, réponds à ces questions :

- Où Christophe Colomb pensait-il arriver ?
- Où est-il véritablement arrivé ?

5. Comment les Indiens ont-ils accueilli les nouveaux arrivants ?

Empire Maya

Aztèques

précolombiens

Tenochtit án

Quetzalcóatl

1

Qui sont les Mayas et les Aztèques ?

Ce sont des peuples de l'Amérique précolombienne. C'est-à-dire qu'ils vivaient en Amérique avant l'arrivée de Christophe Colomb, en 1492.

Nous confondons souvent les Mayas et les Aztèques parce que l'Amérique précolombienne est encore trop peu connue. Pourtant, ces deux peuples n'habitaient pas dans la même région et **leurs civilisations ne se sont pas développées à la même époque**.

Les Aztèques ne sont encore qu'une tribu nomade quand les Mayas construisent déjà leurs belles cités dans les terres chaudes du Yucatán et dans les forêts toujours vertes du Guatemala… Et la grande période des Mayas est terminée quand les Aztèques fondent Tenochtitlán, leur capitale (au Mexique), au milieu d'un lac entouré de volcans.

Ces peuples, aujourd'hui disparus, nous paraissent mystérieux. Pourtant, les Espagnols n'ont pas tout détruit en s'emparant du Nouveau Monde (...). En effet, il nous reste des manuscrits anciens, des livres rédigés par les conquérants, ainsi que des vestiges architecturaux. Grâce à eux, nous avons pu découvrir la vie quotidienne des Mayas et des Aztèques.

2 Les Aztèques et les Mayas se ressemblent-ils beaucoup ?

Pas du tout ! Ces deux peuples sont très différents. Ils ne parlent pas la même langue, n'ont pas les mêmes coutumes. Ils ont pourtant des points communs.

Ainsi, **ils adorent les mêmes dieux**, bien qu'ils leur donnent des noms différents. Ils imaginent le monde de la même manière.

Ils partagent certaines traditions que l'on retrouve chez tous les peuples du Mexique et d'Amérique centrale.

Ils croient que le monde a été détruit plusieurs fois et qu'il le sera encore.

Ils utilisent le même calendrier.

3 Comment les Mayas imaginent-ils le monde ?

Pour eux, la Terre repose sur le dos d'un immense crocodile qui flotte sur la mer. Au-dessus, on **trouve treize cieux superposés**, qui sont le séjour des étoiles, du vent, de la Lune, du Soleil, et des dieux. À chaque coin du monde, un arbre sacré soutient le ciel.

Il existe aussi **neuf mondes souterrains**, gardés par les « neuf seigneurs de la nuit », que tout le monde craint : il est dangereux de voyager après le coucher du Soleil, car les mauvais esprits sortent alors de l'ombre.

4
Qu'est-ce que le Popol-Vuh ?

Le Popol-Vuh, livre sacré des Mayas, raconte la création du monde. « Les Dieux dirent "Terre" et à cet instant apparut la Terre, les montagnes sortirent de l'eau et grandirent en se couvrant d'arbres. Ensuite, ils créèrent les animaux, les génies des montagnes et les gardiens des forêts : cerfs, oiseaux, pumas, jaguars, couleuvres et vipères. » Et le Popol-Vuh ajoute : « Il n'y aura sur Terre ni gloire ni grandeur jusqu'à la création de l'homme. »

5
Les dieux Mayas sont-ils nombreux ?

Les Mayas vivent dans un univers magique, gouverné par **une multitude de dieux**. Les plus importants sont le Soleil et la Lune (…).

Le petit peuple honore **des dieux plus proches de sa vie de tous les jours**. Les paysans comprennent mal les divinités trop abstraites des gens de la ville. Ils préfèrent les petits **dieux de la pluie et de la terre** qui protègent leurs récoltes (…).

Lorsqu'il veut défricher une parcelle de forêt, le paysan doit présenter ses excuses au dieu qu'il risque de blesser.

6 D'où viennent les Aztèques ?

À l'origine, les Aztèques sont un petit **peuple de nomades.** Ce sont des chichimèques, un de ces « peuples chiens » méprisés par les habitants des villes et des cultivateurs.

Ils sont pauvres. **Ils vivent de la chasse et de la cueillette dans les plaines arides du nord du Mexique.** Ils ne savent pas construire de pyramides comme les Mayas. Mais leur dieu, Huitzilopochtli, leur promet qu'ils seront un jour les plus puissants du monde.

7 Comment vivent les premiers Aztèques ?

Ils sont soumis aux autres peuples de la vallée, paient de lourds impôts et s'enrôlent comme soldats dans les luttes qui opposent les principales villes entre elles. Ils vivent dans des huttes de paille et de roseaux, et se nourrissent même de grenouilles et de serpents. Pour construire leur premier temple, ils échangent des poissons, des coquillages et des canards contre des pierres et du bois. Tout le monde les méprise, parce qu'ils sont pauvres, mais on les craint, car ils sont courageux et cruels : ils font peur, même à leurs alliés !

L'histoire des Aztèques est étonnante. **Cette tribu sauvage va, en quelques années, devenir une grande puissance et régner sur un vaste empire.**

À force de courage et de brutalité, les guerriers, conduits par Huitzilopochtli, créent une civilisation originale et brillante.

8 Tenochtitlán est-elle une belle cité ?

« La renommée et la gloire de Mexico-Tenochtitlán dureront aussi longtemps que le monde », dit un poète. Et les Aztèques sont fiers de leur ville, eux qui sont arrivés les derniers dans la riche vallée de Mexico.

Mexico-Tenochtitlán est fondée en 1325. Un siècle après cette date, **elle est devenue l'une des plus belles villes du monde**, avec ses temples, ses rues bien droites, ses canaux, ses digues, ses jardins et ses maisons blanches qui brillent au soleil comme de l'argent.

(...) La capitale des Aztèques est une vraie merveille. Construite au milieu d'un lac, on dirait Venise à l'intérieur des terres. Partout des jardins embellissent la ville. Le grand temple de Huitzilopochtli domine de toute sa hauteur les sanctuaires des autres dieux. À côté, il y a le palais du roi, somptueusement décoré. C'est le siège du pouvoir et la tête de l'empire.

Au loin, la silhouette du Popocatepetl, la célèbre « montagne qui fume », se dessine. Les habitants de Mexico redoutent ses colères, mais croient que les dieux protègent leur ville.

9

Que **devons-nous** aux Mayas et aux Aztèques ?

Quand les Espagnols arrivent au Mexique, en 1519, ils détruisent la civilisation aztèque et soumettent les populations mayas. Les beaux livres peints (les « codex », livres sacrés d'astrologie et de médecine) sont brûlés et les temples sont rasés.

Beaucoup pensent alors que ces peuples sont barbares, parce qu'ils font des sacrifices humains. Les Espagnols les ont facilement vaincus parce que les Indiens prenaient Cortés pour la réincarnation de leur dieu Quetzalcóatl.

Les Aztèques et les Mayas nous ont légué bien des choses, par exemple leurs connaissances en **anatomie**, en **médecine**, ainsi que la **vanille**, et le **chocolat** !

Extrait de *Avant l'Amérique, les Mayas et les Aztèques*, d'Alain Musset et Annie-Claude Martin, Nathan, 1992.

Lire un journal de bord

Extrait du
Journal de bord de Christophe Colomb

Pendant son voyage, Christophe Colomb a rédigé un journal de bord. L'original a aujourd'hui disparu, mais un moine, Bartolomé de Las Casas, et le fils de Colomb, Fernando, en ont copié ou résumé de nombreux extraits.

Lorsqu'il s'agit d'un extrait copié, le texte est placé entre guillemets et les pronoms *je* ou *nous* désignent Colomb et ses compagnons ; lorsqu'il s'agit d'un passage résumé, Colomb est désigné par le pronom *il* ou par l'*Amiral*.

Vendredi 3 août

« Nous partîmes le vendredi 3 août 1492, à huit heures, de la barre de Saltes[1]. Nous allâmes vers le sud, jusqu'au coucher de soleil, sous un vent vif, pendant soixante milles qui font quinze lieues[2] ; ensuite, au sud-ouest, puis au sud quart sud-ouest, ce qui était le chemin des Canaries[3]. » [...]

Dimanche 9 septembre

Ce jour-là, ils perdirent complètement de vue la terre. Craignant de pas la revoir de longtemps, beaucoup soupiraient et pleuraient. L'Amiral les réconforta tous avec de grandes promesses de maintes terres et richesses. [...] Il fit ce jour-là dix-neuf lieues et décida d'en compter moins qu'il n'en faisait, afin que ses gens n'en fussent ni effrayés ni découragés si le voyage se faisait très long.[...]

Lundi 24 septembre

Un albatros vint au navire et ils virent beaucoup de pétrels[4]. Mais plus les indices de terre se révélaient vains, plus la peur des marins grandissait ainsi que les occasions de murmurer. Ils se retiraient à l'intérieur des navires et disaient que l'Amiral, par sa folle déraison, s'était proposé

---

1. Saltes : île située en face du port de Palos, en Espagne.

2. La lieue maritime espagnole fait 5 555 mètres.

3. Canaries : groupe d'îles espagnoles de l'océan Atlantique.

4. Albatros, pétrels : oiseaux de mer.

de devenir grand seigneur à leurs risques et périls et de les destiner à une mort loin de tous. [...]

Mercredi 10 octobre

Ici déjà, les hommes n'en pouvaient plus. Ils se plaignaient de la longueur du voyage. Mais l'Amiral les réconforta le mieux qu'il put en leur donnant bon espoir du profit qu'ils pourraient avoir. Et il ajoutait qu'il était inutile de se plaindre, parce qu'il était venu pour atteindre les Indes et qu'il entendait poursuivre jusqu'à les trouver, avec l'aide de Notre Seigneur. [...]

Jeudi 11 octobre

Ils virent des pétrels et un jonc vert tout près de la nef amirale. [...] Ceux de la caravelle *Niña* virent aussi d'autres signes de terre et un rameau d'épine chargé de ses fruits. À cette vue, ils respirèrent tous et se réjouirent. [...] Comme la caravelle *Pinta* était le meilleur voilier et allait devant la nef amirale, ce fut elle qui découvrit la terre et fit les signaux que l'Amiral avait ordonnés. Ce fut un marin nommé Rodrigo de Triana qui vit cette terre le premier [...].

À la deuxième heure après minuit, la terre parut, distante de deux lieues. Ils se mirent en panne[5], attendant jusqu'au jour du vendredi où ils arrivèrent à une petite île qui, dans la langue des

---

5. Mettre en panne : arrêter (un bateau).

Indiens, s'appelait Guanahani[6].

Alors ils virent des gens nus et l'Amiral se rendit à terre dans sa barque armée. [...] Aussitôt se rassemblèrent là beaucoup de gens de l'île. Ce qui suit sont les propres mots de l'Amiral en son livre de première navigation et de découverte de ces Indes :

« Moi, dit-il, afin qu'ils nous aient en grande amitié et parce que j'ai vu qu'ils étaient gens à se rendre et convertir bien mieux en notre Sainte Foi[7] par amour que par force, j'ai donné à quelques-uns d'entre eux quelques bonnets rouges et quelques perles de verre qu'ils se sont mises autour du cou, et beaucoup d'autres choses de peu de valeur dont ils eurent grand plaisir. [...] Ils nous apportaient des perroquets, du fil de coton en pelotes, des sagaies et beaucoup d'autres choses qu'ils échangeaient contre des petites perles de verre et des grelots. » [...]

Samedi 13 octobre

« Les Indiens vinrent au navire sur leurs pirogues. [...] J'étais attentif et m'employai à savoir s'il y avait de l'or. Je vis que quelques-uns d'entre eux en portaient un petit morceau suspendu à un trou qu'ils ont au nez et, à force de signes, je pus comprendre qu'en allant au sud on allait là où était un roi qui possédait de grands vases d'or et en

6. Guanahani : île dans l'archipel des Bahamas, que Colomb baptise San Salvador, et qui porte encore ce nom aujourd'hui.

7. Colomb veut amener les Indiens à adopter la religion catholique.

avait énormément. [...] Ainsi je décidai d'aller au sud-ouest chercher l'or et les pierres précieuses. » [...]

Dimanche 21 octobre

« Je veux partir pour une autre île, très grande, qui doit être Cipango[8] si j'en crois les indications que me donnent les Indiens que j'emmène avec moi. Ils la nomment Colba[9] et disent qu'on y rencontre beaucoup de gens de mer et de très grandes nefs. Je verrai aussi, en passant, les petites îles qui sont sur le chemin des grandes et, selon ce que je trouverai d'or ou d'épices, je déciderai ce qu'il convient de faire. » [...]

Dimanche 16 décembre

« Les Indiens n'ont pas d'armes, sont tous nus, n'ont pas le moindre génie pour le combat et sont si peureux qu'à mille ils n'oseraient pas combattre trois des nôtres. Ils sont donc propres à être commandés et à ce qu'on les fasse travailler, semer et mener tous autres travaux qui seraient nécessaires, à ce qu'on leur fasse bâtir des villes, à ce qu'on leur enseigne à aller vêtus et à prendre nos coutumes. »[...]

La Découverte de l'Amérique, Journal de bord de Christophe Colomb, traduit de l'espagnol par Soledad Estorach et Michel Lequenne, La Découverte, 2002.

8. Cipango : ancien nom du Japon.

9. Colba : aujourd'hui Cuba.

Questions
sur le Journal de bord

1. Observe la mise en page de ce texte. Pourquoi appelle-t-on ce type de texte *journal de bord* ?

2. Qui a écrit ce journal de bord ?
À qui est-il destiné ?

3. Sur quoi fournit-il des informations ? Donne un ou deux exemples de chaque type d'information.

4. Pourquoi Colomb appelle-t-il « Indiens » les hommes qu'il découvre ?

5. Quelles sont les trois caractéristiques des Indiens qui étonnent le plus Christophe Colomb ?

6. Relis le journal des 11, 13 et 21 octobre et du 16 décembre : quels sont les trois buts principaux du voyage de Colomb ?

Lire une pièce de théâtre

Extrait de

Le Livre de Christophe Colomb

de Paul Claudel

La scène représente le pont d'un navire.
Vers le fond, sur la gauche, se tiennent les marins qui forment un chœur (groupe de personnages qui récitent ensemble le même texte).
Pendant toute la scène, le chœur murmure des paroles de protestation.

LE CHŒUR. - La mer ! la mer ! la mer ! Toujours, toujours vers l'Ouest ! Toujours ce souffle vers l'Ouest ! Nous mourrons tous ! Nous ne reviendrons jamais !
Christophe Colomb ! Christophe Colomb ! Que nous veux-tu ? Pourquoi nous as-tu emmenés avec toi ? Pourquoi veux-tu nous faire mourir ? Nous en avons assez ! Nous voulons revenir ! Il faut l'obliger à revenir ! Il est fou !
Au fou ! Au fou ! Il faut l'obliger à revenir ! C'est un traître ! C'est un fou ! C'est un assassin ! Toujours la mer ! Toujours rien ! Il n'y a plus rien ! Nous sommes perdus au milieu du Rien !

Christophe Colomb en grand costume d'amiral au milieu de ses officiers reçoit les délégués de l'équipage.

CHRISTOPHE COLOMB. - Que voulez-vous, messieurs ?
LE DÉLÉGUÉ. - La farine est presque épuisée.
CHRISTOPHE COLOMB. - Vous mangerez du bœuf salé.
LE DÉLÉGUÉ. - Le bœuf salé est pourri.
CHRISTOPHE COLOMB. - Eh bien, pour vous consoler, buvez un bon coup de vin à la santé du Roi d'Espagne.
LE DÉLÉGUÉ. - Il n'y a plus de vin.
CHRISTOPHE COLOMB. - En ce cas, buvez de l'eau.
LE DÉLÉGUÉ. - Il n'y a plus d'eau.
CHRISTOPHE COLOMB. - Bravo ! Comme il n'y a plus d'eau, tant mieux qu'il n'y ait pas non plus de bœuf salé. Je ne sais pas si vous l'avez remarqué, mais il n'y a rien qui fait peler la langue comme cette carne[1] du Guadalquivir[2] .
LE DÉLÉGUÉ. - Les équipages disent qu'ils ne veulent plus marcher.

---

1. Carne : viande dure et de mauvaise qualité (familier).
2. Guadalquivir : grand fleuve du sud de l'Espagne.

LE CHŒUR (bis)

CHRISTOPHE COLOMB. - Ce n'est pas les équipages qui marchent, c'est le vent qui les fait marcher.

LE DÉLÉGUÉ. - C'est précisément le vent qui leur fait peur.

CHRISTOPHE COLOMB. - Pourquoi ? Depuis que nous sommes partis, le vent souffle dans la bonne direction, une jolie brise sans interruption vers l'Ouest.

LE DÉLÉGUÉ. - C'est précisément ce vent-là qui leur fait peur.

CHRISTOPHE COLOMB. - Christophe, mon saint patron[3] ! Voilà des gens difficiles à contenter !

LE DÉLÉGUÉ. - Ils veulent revenir chez eux.

LE CHŒUR (ter)

CHRISTOPHE COLOMB. – Regardez !

À ce moment un oiseau apparaît [...]

LES HOMMES DE L'ÉQUIPAGE. - Un oiseau ! un oiseau !

LE CHŒUR. - Un oiseau ! un oiseau ! Une colombe ! une colombe !

CHRISTOPHE COLOMB. – « Et la terre était couverte d'eau. Et la colombe revint vers Noé, portant un rameau vert dans son bec.[4] »

UNE VOIX EN HAUT DANS LA HUNE[5]. - Terre !

Tous se précipitent à l'avant du bateau.

Terre à l'avant ! terre, terre à l'avant !

Terre ! terre ! terre ! terre !

Le Livre de Christophe Colomb de Paul Claudel, 1re partie, tableau 17, Gallimard, 1929.

---

3. Saint patron : dans la religion chrétienne, saint dont on a reçu le nom au baptême et qui joue un rôle de protecteur.

4. Citation de la Bible (Genèse). La colombe est un symbole de paix.

5. Hune : plate-forme située en haut du grand mât.

Questions
sur la pièce de théâtre

1. Observe la forme de ce texte. À quoi reconnais-tu qu'il s'agit d'un texte de théâtre ?

2. Observe la ponctuation et les répétitions dans les premières lignes du texte. Quels sentiments expriment-elles ?

3. Pourquoi les marins traitent-ils Colomb de « fou », de « traître » et d' « assassin » ?

4. Quelles informations le Délégué donne-t-il à Christophe Colomb ?

5. Colomb comprend-il l'inquiétude des marins ?

6. Que signifie la venue de la colombe ?

7. Quel changement d'attitude se produit chez les marins ?

Recherches

Relis le *Journal de bord de Christophe Colomb* et indique à quels moments de son voyage correspond cette scène.

Compare les deux textes et indique les ressemblances et les différences entre ces deux façons d'évoquer les mêmes événements. Lequel de ces deux textes préfères-tu ? Pourquoi ?

Des mots pour comprendre

AMBASSADEUR : personne dont le métier est de représenter son pays dans un pays étranger.

AMIRAL : commandant en chef d'une force navale, grade le plus élevé dans la marine.

AUTEL : table de pierre sur laquelle on faisait des sacrifices aux dieux.

COLONIE : pays occupé par un autre pays plus fort et plus développé qui en tire profit.

CONQUISTADOR : aventurier espagnol parti à la conquête de l'Amérique au XVIe siècle.

CONTINENT : grande étendue de terre limitée par un ou plusieurs océans. Les six continents sont l'Europe, l'Asie, l'Afrique, l'Amérique, l'Océanie et l'Antarctique.

CONVERTIR (SE) : adopter une religion en abandonnant celle qu'on avait auparavant.

DAIS : tissu tendu au-dessus d'un trône.

ÉPICES : plante parfumée qui sert à donner du goût aux aliments (ex. : la cannelle, le poivre).

FRAISE : collerette en tissu raide, plissé sur plusieurs rangs, que portaient les hommes et les femmes aux XVe et XVIe siècles.

INDES : au temps de Christophe Colomb, les « Indes » désignent les pays d'Asie, comprenant en particulier l'Inde actuelle, la Chine et le Japon. Aujourd'hui, on appelle Inde (au singulier) un État d'Asie limité à l'ouest par la mer d'Oman et le Pakistan, au nord par le Népal, à l'est par le golfe du Bengale et le Bangladesh.

INDIGÈNE : qui appartient à un peuple existant dans un pays d'outre-mer avant sa colonisation.

INTERPRÈTE : personne qui donne oralement dans une langue l'équivalent de ce qui a été dit dans une autre, et sert d'intermédiaire entre personnes parlant des langues différentes.

MUTINERIE : action de se révolter contre ceux qui détiennent l'autorité.

POUPE : arrière d'un navire.

PRÉCOLOMBIEN : qui concerne l'histoire et les civilisations de l'Amérique avant la venue de Christophe Colomb.

PROUE : avant d'un navire.

Les arts des Indiens

1 Écailles et plumes

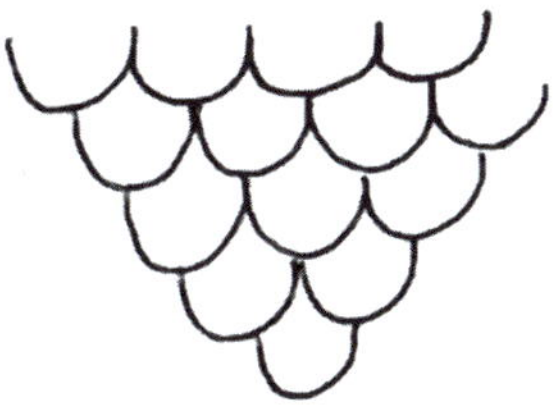

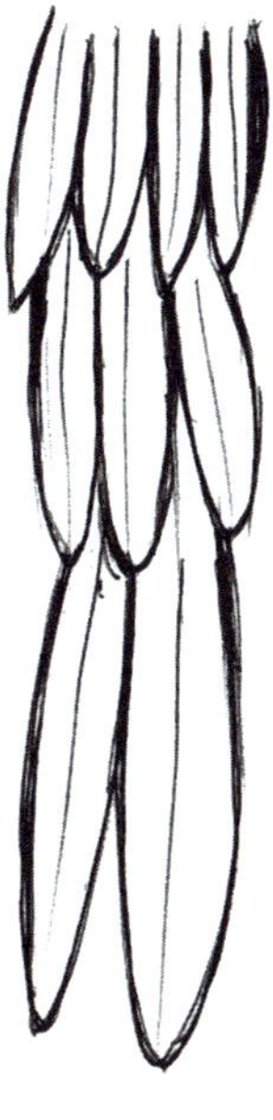

Quand on observe un oiseau ou un poisson, on remarque que les plumes ou les écailles ne sont pas simplement posées à plat, mais qu'elles sont disposées comme les tuiles d'un toit (d'où le terme tuilage) : elles se recouvrent en partie. Regarde le dessin ci-dessus.

à ton tour !

Matériel : une feuille de papier, des feutres.

Décalque ou dessine un personnage puis transforme-le en guerrier en dessinant des plumes sur son corps, une lance et un bouclier. Tu peux t'aider du modèle ci-contre.

Parure des guerriers aztèques.

Le tuilage peut être aussi utilisé pour représenter des paysages, des scènes variées...

→ Observe le dessin fait à partir d'un tableau du peintre Mondrian. Celui-ci a représenté les couleurs du ciel et les herbes par des sortes d'écailles qu'il n'a pas toujours dessinées complètement.

Schéma d'après le tableau l'*Arbre bleu* de Mondrian.

à ton tour !

Matériel : une feuille de papier à dessin, de la peinture ou des feutres.

Sur une grande feuille de papier à dessin, compose un paysage (tu peux t'inspirer d'une photographie) en utilisant la technique du tuilage pour représenter les feuilles des arbres, l'herbe, les couleurs du ciel et tous les autres éléments.

2 Tissages et nœuds

Toutes les femmes indiennes filaient et tissaient. Les plus belles étoffes servaient alors de monnaie d'échange, de présents et d'offrandes.
Les femmes utilisaient des fils colorés faits en coton, en laine épaisse ou en laine fine pour fabriquer des étoffes bariolées aux couleurs éclatantes. Assises par terre, elles fixaient un bout du métier à tisser à un poteau et tendaient les fils grâce à une ceinture.

Femme aztèque tissant.

→ Le coton et la laine étaient tissés de façon à former des motifs : en spirales, en escaliers, à la « grecque »...

En indien quechua « *Quipu* » signifie nœud.
Les Indiens attachaient des fils de laines de couleurs différentes sur un fil qui servait de support. Les *quipu* étaient utilisés pour dénombrer sans avoir recours à l'écriture des nombres.

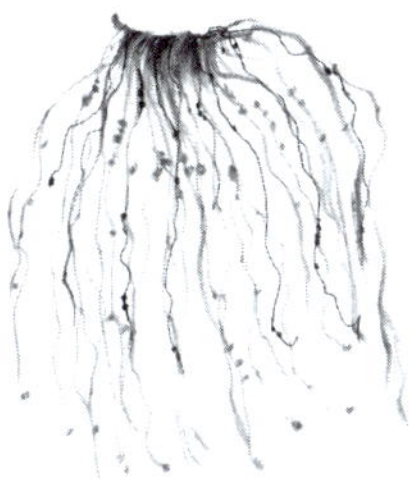
Un *quipu*.

Un nœud.

→ Pour les artistes contemporains, le tissage et les nœuds n'ont plus le sens que les Indiens leur donnaient. Ils permettent la réalisation d'objets d'art.

à ton tour !

Matériel : des feuilles de papier de toutes les couleurs, des ciseaux, du tissu, des fils de laine.

Découpe des bandes de papier de toutes les couleurs, des lanières de tissu et des fils de laine de 50 centimètres de long.
Fais des nœuds avec ces bandes, ces lanières et ces fils et fabrique une composition. Tu obtiendras ton propre *quipu* !

3 Mosaïques et incrustations

Les orfèvres aztèques créaient des statues et des bijoux dans du bois qu'ils recouvraient de minuscules carrés de mosaïques de turquoise et de coquillages. Ils savaient aussi réaliser des statues et des bijoux recouverts d'une couche d'or fondu.

Représentation d'un pendentif aztèque semblable à celui que Moctezuma offrit à Cortés (réalisé avec des petits morceaux de photographies).

→ Aujourd'hui encore, les artistes utilisent la mosaïque. Regarde les différents exemples.

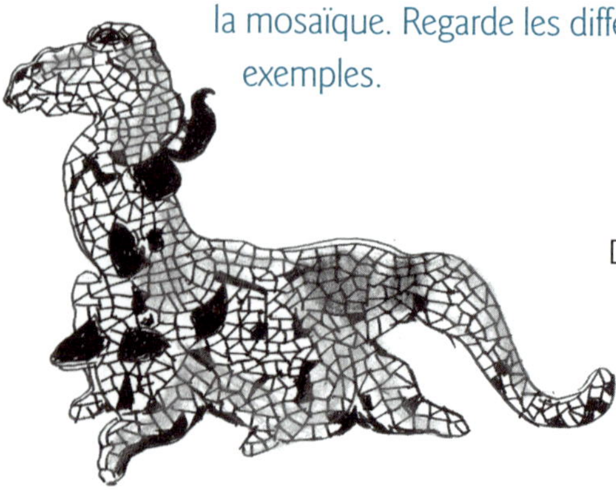

D'après Niki de Saint-Phalle, *Le monstre du loch Ness*.

D'après une peinture de G. Klimt, *Bildnis Fritza Riedler.*

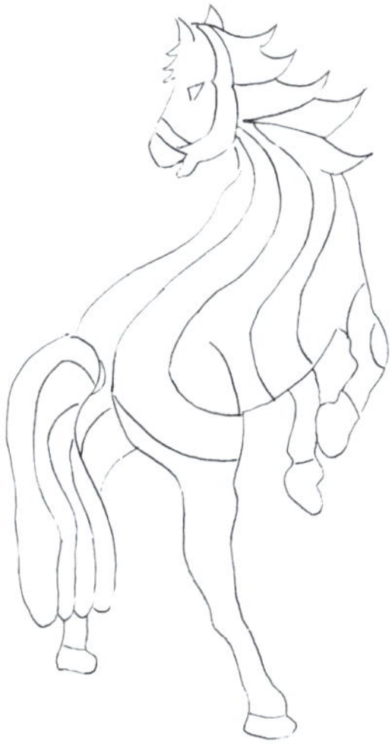

à ton tour !

Matériel : des feuilles, de la colle, des ciseaux, des magazines et des photographies.

Choisis un animal. Dessine-le ou décalque-le. Trace des courbes pour arrondir les formes de l'animal. Aide-toi de l'exemple ci-dessus. Dans des magazines ou des photographies, découpe des petits morceaux (carrés, rectangles, triangles, trapèzes...), puis colle-les sur ton dessin.

Ouvrage sous la direction
de Claudette Lecuyer,
avec la collaboration de Christine Bialès,
Jean Corbucci, Jean-Pierre Gossart
et Armelle Hiéblot.

Édition : Pauline Bocquillon et Pascale Costet.
Illustrations de couverture et de la fiction : Yves Beaujard.
Illustrations des pages 62 et 68 et des activités artistiques :
Claudette Lecuyer
Conception graphique, mise en page et couverture : iow 2.10.

N° éditeur : 10126123
Dépôt légal : Février 2007
Achevé d'imprimé en France par EMD S.A.S – N° dossier : 16841